FICHA CATALOGRÁFICA

(Preparada na Editora)

Xavier, Francisco Cândido, 1910-2002.

X19c   Comandos do Amor/
Francisco Cândido Xavier,
Espíritos Diversos. Prefácio de Emmanuel
Araras, SP, 3ª edição, IDE, 2009.

128 p.: il.

ISBN 978-85-7341-456-1

1. Espiritismo
2. Psicografia-Mensagens
I. Espíritos Diversos II. Título.

CDD-133.9
-133.91

Índices para catálogo sistemático:
1. Espiritismo 133.9
2. Psicografia: Mensagens: Espiritismo 133.91

MENSAGENS PARA SEU DIA

CHICO XAVIER

COMANDOS DO AMOR

ESPÍRITOS
EMMANUEL
ANDRÉ LUIZ
BEZERRA DE MENEZES
MEIMEI
SCHEILLA
VIANA DE CARVALHO
JOSÉ SILVÉRIO HORTA
OLÍVIA
BITTENCOURT SAMPAIO
IRMÃO X
AIRES DE OLIVEIRA
NINA
APPARECIDA
AGAR
MODESTO LACERDA

ide

ISBN 978-85-7341-456-1

2ª edição - agosto/2009
2ª reimpressão - julho/2016
2.000 exemplares

(27.001 a 29.000)

Copyright © 1985,
Instituto de Difusão Espírita - IDE

Conselho Editorial:
Hércio Marcos Cintra Arantes
Doralice Scanavini Volk
Wilson Frungilo Júnior

Projeto Editorial: *Jairo Lorenzetti*

Revisão de texto: *Mariana Frungilo*

Capa e Diagramação:
César França de Oliveira

INSTITUTO DE DIFUSÃO
ESPÍRITA - IDE
Av. Otto Barreto, 1067 - Cx. Postal 110
CEP 13600-970 - Araras/SP - Brasil
Fone (19) 3543-2400
CNPJ 44.220.101/0001-43
Inscrição Estadual 182.010.405.118
www.ideeditora.com.br
editorial@ideeditora.com.br

Todos os direitos reservados. Nenhuma parte desta publicação pode ser reproduzida, armazenada ou transmitida, total ou parcialmente, por quaisquer métodos ou processos, sem autorização do detentor do copyright.

MENSAGENS PARA SEU DIA

CHICO XAVIER

COMANDOS DO AMOR

SUMÁRIO

Comandos do amor, Emmanuel 9
1 - Ante o Príncipe da Paz, Viana de Carvalho . 13
2 - Evangelho e vida, Scheilla 19
3 - Coração infantil, Meimei 25
4 - Com caridade, José Silvério Horta 31
5 - Medita e ouve, Meimei 35
6 - Faces do dinheiro, Olívia 39
7 - Obra de amor, Bittencourt Sampaio 45
8 - Monumento vivo, Irmão X 55
9 - Luta, Aires de Oliveira 63
10 - Assistência social, Nina 69

11 - O Mundo - Nossa escola, Nina 75

12 - O tempo, Apparecida 79

13 - As mãos de Jesus, Apparecida 83

14 - Lutando, Agar 87

15 - Na hora que passa, Modesto Lacerda . 93

16 - Prece do jovem cristão, Aires de Oliveira   103

17 - Taça de água fluidificada,

     Bezerra de Menezes 107

18 - Na travessia da morte, Emmanuel 113

19 - Não julgues teu irmão, André Luiz .. 117

20 - Oração do Livro, Emmanuel 121

COMANDOS DO AMOR

COMANDOS DO AMOR

Amigo Leitor:

Entre os muitos sinônimos que lhe atribuem, a palavra "comando" igualmente significa direção.

E tantos amigos solicitam dos integrantes da nossa equipe de trabalho, notas de orientação e reconforto, que ficou decidido, entre nós, a formação de um volume despretensioso no qual lhes enviássemos nossos comunicados, alusivos a assuntos diversos.

Ninguém há que não precise de alguém e, para nós, é uma enobrecedora satisfação cooperar, a fim de que alguns dos nossos colaboradores aqui compareçam com as suas páginas de amor e paz, instrução e encorajamento, distribuindo bom ânimo e alegria.

Isso demonstra que não estamos sozinhos com a palavra e que todos os companheiros dispõem da faculdade de expenderem o que sentem e pensam.

E, honrados com as tuas atenções, leitor amigo, acrescentaremos o número dos estudiosos dos ensinamentos de Jesus e das lições da vida, atravessando degraus de acesso ao Conhecimento Superior.

Emmanuel

ANTE O PRÍNCIPE DA PAZ

1
ANTE O PRÍNCIPE DA PAZ

Antes d'Ele, numerosos conquistadores passaram em nome da paz na Terra...

Ramsés II, adorado como um deus, marcou o pináculo da civilização egípcia, derrotando hititas e sírios, mas deixou no próprio rastro o pranto com que as viúvas e os órfãos lhe amaldiçoaram a vida.

Sardanapalo, o protetor das artes, saqueou Tebas e guerreou Babilônia, sequioso de chacina, entretanto, assediado em Nínive, precipitou-se, infeliz, com todos os seus tesouros, numa fogueira extensa.

Dario I, o grande rei da Pérsia, ampliou o seu império, espalhando ruínas, todavia, retirou-se do mundo numa torrente de intriga e ódio.

Alexandre Magno, o condutor dos macedônios, senhoreou vários povos, à custa de sangue, contudo, expirou ainda jovem, legando vasto espólio à cupidez de seus generais.

Aníbal, o famoso cartaginês, humilhou espanhóis e gauleses, cruzando os Alpes para vencer o exército romano, mas em seguida a largas exibições de autoridade, roído de amargura e desconfiança, desertou da própria luta, através do suicídio.

Todos desfilaram, usando opressão e rapina, guerrilheiros e mercenários, azorragues e lanças, carros e catapultas, veneno e punhal, acreditando-se missionários do progresso e da concórdia, da unificação e da cultura, quando mais não eram que tiranos da evolução, enfeitados de pedrarias e sedentos de sangue humano...

Ele, porém, o Príncipe da Paz, que nascera na manjedoura, passou entre os homens, sem distintivos e sem palácios, sem ouro e sem legiões.

Seu reinado foi a revelação do amor entre os simples.

Suas armas foram, em todos os dias, a bondade e o perdão.

Seu diadema foi a coroa de espinhos.

Seu salário foi a morte afrontosa entre malfeitores.

Por insígnia de poder, ofertou-se-lhe uma cana à guisa de cetro.

E, por trono de realeza, teve a cruz de sacrifício, que converteu na espada do mal, a ensarilhar-se para sempre no alto de um monte, como a dizer-nos que apenas no esquecimento voluntário das exigências de nosso "eu", pelo engrandecimento constante do bem de todos é que poderemos atingir a senda do luminoso Reino de Deus.

É por isso que, volvidos quase vinte séculos, ao recordar-lhe a suprema renúncia, saudamo-lo em profunda reverência, ainda hoje:

– Ave Cristo! Os que aspiram vencer a treva e a animalidade em si mesmos a favor da verdadeira paz sobre a Terra, te glorificam e te saúdam.

Viana de Carvalho

EVANGELHO E VIDA

2
EVANGELHO E VIDA

No mundo de hoje, há boa vida e há vida boa.

Boa vida é bem-estar.

Vida boa é estar bem.

Por isso, temos criaturas de boa vida e criaturas de vida boa.

As primeiras servem a si mesmas.

As segundas respiram no auxílio incessante aos outros.

A boa vida tem rastros de sombra.

A vida boa apresenta marcas de luz.

A desordem favorece a boa vida.

A ordem garante a vida boa.

Palavra enfeitada costuma escorar boa vida.

Bom exemplo assegura vida boa.

Preguiça mora na boa vida.

Trabalho brilha na vida boa.

Ignorância escurece a boa vida.

Educação ilumina a vida boa.

Egoísmo alimenta a boa vida.

Caridade enriquece a vida boa.

Indisciplina é objetivo da boa vida.

Disciplina é roteiro da vida boa.

Vejamos as lições do Evangelho.

Madalena, obsidiada, perdera-se nos enganos da boa vida, mas encontrou em nosso Divino Mestre a necessária orientação para a vida boa.

Zaqueu, afortunado, apegara-se em demasia às posses efêmeras da boa vida, entretanto, ao contato de Nosso Senhor, aprendeu como situar os próprios bens na direção da vida boa.

Judas, o discípulo invigilante, procurando a boa vida, entregou-se à deserção e, sentindo extrema dificuldade para voltar à vida boa, foi colhido pela loucura.

Simão Pedro, o apóstolo receoso, tentando conservar a boa vida, instintivamente, negou o Divino Amigo por três vezes numa só noite, entretanto, regressando, prudente, à vida boa, abraçou o sacrifício pela própria ascensão, desde o dia do Pentecostes.

Pilatos, o juiz dúbio, interessado em desfrutar boa vida, lavou as mãos quanto ao destino do Excelso Benfeitor, adquirindo o arrependimento e o remorso que o distanciaram da vida boa.

Todos os que crucificaram Jesus pretendiam guardar-se nas ilusões da boa vida, no entanto, o Senhor preferiu morrer na cruz da extrema renúncia para ensinar-nos o caminho da vida boa.

Como é fácil observar, nas estradas terrestres há muita gente de boa vida e pouca gente de vida boa, porque a boa vida obscurece a alma, e a vida boa mantém a consciência acordada para o desempenho das próprias obrigações.

Estejamos alertas quanto à posição que escolhemos, porquanto, pelo tipo de nossa experiência diária, sabemos com segurança em que espécie de vida seguimos nós.

Scheilla

CORAÇÃO INFANTIL

3

CORAÇÃO INFANTIL

Não relegues à sombra a criança que te pede aconchego ao templo do coração.

Ave implume, no ninho de teus braços, desferirá seu voo para os céus do futuro, transportando consigo a tua mensagem...

Cera frágil e delicada, ao toque de tuas mãos, revelará no porvir as ideias que hoje plasmas em sua contextura de flor...

Não lhe graves no livro puro das impressões nascentes, senão caracteres da luz que te abençoe a memória.

Esses olhos surpresos, que te observam as atitudes, esses ouvidos minúsculos, que te guardam a palavra direta, e essa alma doce e tenra, que se levanta para a escola dos homens, assimilarão teus exemplos, retratando-te a vida.

Ensina-lhes a conquista do bem para que o mal não se desenvolva, sufocando-te as horas.

O divertimento do berço é o prelúdio da atividade na praça pública.

O brinquedo no lar inspira o trabalho no mundo.

Por que plantar no solo da experiência infantil as sementes de arrogância e preguiça, perversidade e destruição?

É justo que acordes a criancinha

para a noção da própria dignidade, mas é lamentável que a induzas ao crime.

É natural que o menino de agora se erga para o valor com que se mantenha acima das vicissitudes humanas, entretanto, devemos chorar sobre a nossa própria maldade, toda vez que lhe inclinemos o espírito aos delitos da violência.

Coopera com o Senhor de Nossos Destinos, amparando os rebentos do campo terrestre, para que se não detenham, mais tarde, nas grades da corrigenda ou nos sepulcros da frustração.

Responderemos pelas imagens com que lhes formamos os sentimentos.

Compadece-te, pois, da criança que respira e sonha ao teu lado, auxiliando-a a pensar e servir, a fim de que o trabalho lhe enriqueça o caminho e para que a educação lhe norteie o caráter.

Por amor ao teu próprio futuro, auxilia-a a crescer nos padrões do Divino Benfeitor, que nos advertiu, entre a responsabilidade e a ternura:

– Deixai vir a mim os pequeninos!...

E, conduzindo a Jesus as crianças de hoje, teremos o Reino de Deus na Terra, construído em favor de nós todos, pelos artífices de amanhã.

Meimei

COM CARIDADE

4

COM CARIDADE

Caridade, sim, meus irmãos.

Caridade no sentimento.

Caridade na ideia.

Caridade nos ouvidos.

Caridade na boca.

Caridade nos braços.

Caridade na profissão.

Em todas as atividades, recorramos à divina virtude.

Caridade no olhar.

Caridade no gesto.

Caridade na voz.

Caridade na referência.

Caridade na opinião.

Caridade no trabalho.

Caridade na atitude.

Onde estejamos, peçamos a ela nos sustente e dirija.

Caridade no lar.

Caridade no caminho.

Caridade na rua.

Caridade na fé.

Caridade na colaboração.

Caridade na visita.

Caridade no dever.

Seja onde for e com quem for, estendamos a caridade por bênção da vida.

Com ela, alcançaremos a integração no Divino Amor.

Deus é a meta.

A caridade é a luz.

O próximo é o caminho.

José Silvério Horta

MEDITA E OUVE

MEDITA E OUVE

Nas horas de alegria, quando nobres aspirações atingidas te ampliem os ideais, medita na Divina Providência que te ilumina a alma e deixa que a inspiração da Espiritualidade te auxilie a dividir a própria felicidade com aqueles que te rodeiam.

Nos dias de aflição, quando problemas e provas te esfogueiam o espírito, medita na Bondade Ilimitada do Criador e espera com paciência as soluções desejadas, trabalhando e servindo para que se faça o melhor.

Nos momentos de tentação, quando a sombra te envolva as construções espirituais, medita no Amparo do Senhor e acende a luz da resistência nos recessos do próprio ser para que te recoloques no rumo da vitória sobre ti mesmo.

Nos instantes de tristeza, quando dificuldades do sentimento te marquem a estrada, anunciando-te amargura ou desilusão, medita no Socorro Celestial e reconstituirás as próprias energias para que a fé te reajuste a serenidade.

Nas ocasiões de crises e lágrimas com que a sabedoria da vida te examina a segurança, medita no Apelo de Deus e criarás nova força para vencer os obstáculos do caminho em que segues, buscando a realização dos sonhos mais íntimos.

Quanto possível, de permeio com

o trabalho a que a existência te induz, em teu próprio auxílio – com base na prece – medita e ouve a música que nasce nas fontes do Eterno Bem.

Ouçamos as melodias da paz e do amor que nos lembrem a harmonia do Universo, e qualquer tempo, nos campos da alma, se nos transformará no calor da compreensão e na alegria da bênção.

Meimei

FACES DO DINHEIRO

6

FACES DO DINHEIRO

O dinheiro assume em nossa experiência variados aspectos.

Temo-lo em diversas modalidades, auxiliando ou prejudicando, iluminando ou denegrindo...

Encontramos o dinheiro-alegria, que se transforma em alimento na boca das crianças desamparadas...

Dinheiro-tranquilidade, que consegue pacificar o coração desditoso do homem de bem, cujas mãos chagadas no dever cumprido não podem atender às exigências do lar...

Dinheiro-fraternidade, que acende o estímulo de viver nos corações amarfanhados pelo infortúnio...

Dinheiro-luz, que incentiva o estudo nobre, a fim de que o próximo se liberte das teias da ignorância...

Dinheiro-progresso, que distribui as bênçãos do trabalho com milhares de pessoas, conjugadas no serviço da indústria e da educação...

Dinheiro-caridade, que nutre as energias das mães sofredoras e protege o corpo engelhado de velhinhos sem esperança...

Mas, vemos igualmente o dinheiro-usura, criando indiferença e crueldade naqueles que o entesouram...

Dinheiro-sofrimento, gerando amargura e tédio naqueles que o amontoam, à custa das lágrimas de seus irmãos...

Dinheiro-treva, envolvendo em nevoeiro de perturbações e de mágoas todos aqueles que o acumulam, ao preço da alheia infelicidade...

Dinheiro-remorso, estabelecendo aflição e pesar nas almas desprevenidas que o amealham nos espinheiros do crime...

Dinheiro-angústia, trazendo tempestade de pranto naqueles que o entravam, em deplorável cegueira, perante a necessidade dos semelhantes...

Dinheiro!... Dinheiro!...

Sim, é possível guardar o dinheiro

que conduz ao Céu, entretanto, quase todas as criaturas não sabem construir com ele senão o inferno a que se arrojam, no dia em que a morte lhes abre o caminho da grande transição.

Roguemos ao Senhor nos auxilie a compreender os bens da vida e a movimentá-los, segundo os ditames do Seu Amor.

Olívia

OBRA DE AMOR

7

OBRA DE AMOR

A bandeira de luz, desfraldada por Ismael, no Brasil, não convocou, em vão, os servos do Cristo ao trabalho da concórdia e do amor.

A revivescência do Evangelho abre a porta dos corações aos Espíritos do Senhor; e as realizações cristãs, como sementeiras abençoadas do Celeiro Divino, surgem como elevados tentames dos cooperadores humanos em luta com o joio do mundo velho.

Por vezes, as iniciativas são vacilantes, e o esforço, dos que se propõem à edificação, sofre limitações que circunscrevem os cometimentos no campo material, entretanto, ao influxo de Ismael, compreendemos mais cedo, no Brasil, que a Doutrina Consoladora não se reduz a simples órgão de experimentação científica ou de reajustamento filosófico, nos quadros do conhecimento humano.

Por mercê do Senhor, reconhecemos que a sua mensagem sublime consubstancia o apelo generoso do Céu para que a luz divina resplandeça, na Terra, o convite de mais alto para que o planeta se integre no Reino de Deus.

Daí, o característico religioso dos nossos trabalhos, a substância sublime do nosso depósito espiritual.

Com semelhante assertiva, não menosprezamos o racionalismo. Destacamos, apenas, a prioridade do serviço redentor do sentimento.

No coração permanece a seiva da vida. E é necessário purificar a seiva para que o fruto regenere e alimente.

O objetivo fundamental de Jesus, em seu apostolado terrestre, foi sempre o homem.

"Levanta-te e anda".

"A tua fé te salvou".

"Não temas".

"Segue-me tu".

Seus apelos, diretos ao coração, ressoam na esteira dos séculos.

Não possuímos outra base para construir o mundo melhor, e as Forças Divinas não se aproximam de nós com o fim de arrebatar-nos a esferas superiores que não merecemos ainda, mas, sim, como embaixadas de colaboração excelsa, de modo a concretizarmos o paraíso que nos será próprio.

Solucionemos os problemas exteriores da vida, estudemos os fenômenos da evolução, recorramos à análise no aprimoramento intelectual necessário, mas convertamo-nos, antes de tudo, ao bem, fazendo-nos melhores, engrandecendo a vida e o mundo a que fomos chamados.

Diante da civilização perturbada e empobrecida pelos abusos do poder, pela extensão do egoísmo e pelos desvarios da inteligência materialista, temos nós, os cooperadores humildes do Espiritismo Evangélico, gigantesca tarefa de reconstrução, iniciada há mais de meio século.

Dádivas sublimes do Mestre constituem nosso crédito na atualidade. E, recebendo excessivamente da Divina

Bondade, é lícito sejamos convocados a maiores testemunhos.

Dilatemos, em vista disso, nossa capacidade receptiva e iluminemos o santuário de nossa compreensão para que o Senhor se valha de nós como seus instrumentos.

É razoável que as interpretações se diferenciem na exposição das afirmativas individuais.

Nas letras sagradas, a escada de Jacob não é símbolo inútil.

Cada ser descortinará o horizonte, segundo a posição em que se encontre na jornada ascendente do Espírito. Instalemos, desse modo, o Reinado de Deus em nós mesmos, respondendo aos títulos da confiança que nos foi conferida.

Ainda que estejamos aparentemente distanciados uns dos outros no setor das definições doutrinárias, encontramo-nos substancialmente identificados na mesma realização, porque somos discípulos imperfeitos do mesmo Mestre e humildes servos do mesmo Senhor.

Reunidos em Espírito, sob o estandarte de Ismael, atendamos ao chamado divino, compreendendo que não fomos trazidos ao campo de trabalho para as inutilidades da casuística, mas para as atividades sublimes de auxílio, fraternidade e entendimento, na obra infinita do amor.

Bittencourt Sampaio

MONUMENTO VIVO

8

MONUMENTO VIVO

Conta-se que, em seguida ao regresso do Cristo às Esferas Superiores, quantos, do Espaço, assessoravam-lhe o apostolado, imaginaram o melhor modo de perpetuar-lhe os ensinamentos na memória dos homens, conquanto prosseguisse o Mestre em ligação com eles pelas vias do Espírito.

Lembrou-se a glória de Quéops e se cogitou de nomear alguém com a capacidade do notável soberano para reencarnar-se na Terra e consagrar, de maneira permanente, a vitória do Senhor.

O poderoso faraó mobilizara legiões de obreiros para ajuntar aproximadamente dois milhões e quinhentos mil blocos de pedra, de duas e meia e quinze toneladas cada um, a fim de imortalizar-se, através de pirâmide gigantesca, no planalto de Gizé...

Entretanto, seria razoável pensar num colosso, assim materializado, para honorificar o Mestre Inesquecível, se ele era a própria luz destinada a penetrar os corações?!...

E se descesse ao Planeta um gênio dominador, semelhante àquele que se conhecera na pessoa de Alexandre da Macedônia, com o objetivo de presidir a expansão do Evangelho? Impunha-se, no entanto, recordar que o grande comandante renascera para governar amando e se desviara do próprio roteiro, conquistando e destruindo...

Um templo? Não seria justo erguer-se-lhe um santuário, designando-se artífices resolutos, habilitados a tomar o envoltório físico e atender à majestosa edificação?

Mas... A Casa de Deus, em Jerusalém, patenteava-se por verdadeira maravilha na face do Globo, e o nome de Deus não impedia os abusos que a transformavam num ninho de intrigas e ambições.

Um centro filosófico? Talvez fosse o empreendimento adequado...

Uma escola ricamente sediada num dos pontos mais importantes do Orbe, onde se eternizassem os clarões da Boa Nova!

A acrópole, em Atenas, todavia, levantava-se por resplendente bandeira de cultura intelectual e as discussões preciosas surgiam ali, quase infindáveis...

Como instalar a obra do Excelso Benfeitor num sítio onde o cérebro cintilasse, cercado de multidões em penúria, aguardando debalde leve mostra de amor?!...

E se a Revelação estivesse confiada a certo grupo de almas, denodadas na fé e heroicas no trabalho, que se revezassem no Plano Físico, reencarnando-se alternadamente, para se encarregarem de guardar-lhe a pureza, com a abnegação das vestais de outras eras?

As tribos de Israel, porém, conquanto fiéis e valorosas, haviam recebido a incumbência de zelar pelo Santo dos Santos e jaziam isoladas no orgulho, a ponto de ignorarem Jesus em sua condição de Emissário Celeste...

Os elevados colaboradores do

Embaixador Sublime examinaram o assunto, por muitos e muitos anos e, depois de longas marchas e contramarchas, assentaram entre si que o monumento capaz de conservar as lições do Divino Mestre, ao dispor de todas as criaturas e ao alcance de todas as inteligências, era precisamente o LIVRO, o único instrumento apto a preservar os tesouros do espírito, acima dos séculos, na moradia dos homens!...

E é por isso que fundamentalmente ao livro, essa bênção, é que devemos na Terra, até hoje, a presença imarcescível do Cristo, orientando o caminho das nações, em perenidade de amor e luz.

Irmão X

LUTA

9

LUTA

Meus amigos.

Agradeçamos na luta o clima renovador.

Nela, possuímos o celeiro da experiência, onde o Espírito é capaz de amealhar os tesouros incorruptíveis da sabedoria e do amor.

A luta é alimento, pão da alma, força de crescimento do ser para a vida maior.

Sem que a vida e a morte estabeleçam conflito na Terra, a imortalidade não se divinizaria para os homens.

É necessário que a claridade combata a sombra, que a alegria sobrepuje o sofrimento, que a esperança fustigue a descrença, a fim de que possamos selecionar os valores que nos habilitem à vitória espiritual a que nos destinamos.

No mundo terrestre – bendita escola multimilenária do nosso aperfeiçoamento espiritual – tudo é exercício, experimentação e trabalho intenso.

Do atrito nasce a luz, quanto o equilíbrio nasce do esforço de adaptação.

É imperioso nos resignemos a perder quanto signifique roupagem servida e inútil para que nosso espírito avance, no rumo da transformação para as luzes mais altas.

Sem que a semente abandone o envoltório, não há germinação para a sementeira; sem o calor asfixiante, o vaso nobre deixaria de existir; e, sem o cinzel que martiriza a pedra selvagem, a obra-prima da escultura jamais seria arrancada à matéria bruta para o nosso ideal de beleza.

Somos, porém, mais que a semente, mais que o vaso, mais que a estátua...

Somos filhos de Deus, em desenvolvimento, que podemos acelerar, aceitando as injunções da luta, ou que podemos atrasar, com a nossa preferência pelo repouso ou pela inércia.

Abracemos os nossos deveres, ainda que pesados, porque somente da cruz que é nossa, do testemunho que nos fala de perto e do Calvário que nos pertence é que surgirá para a nossa vida a eterna ressurreição.

Aires de Oliveira

ASSISTÊNCIA SOCIAL

10

ASSISTÊNCIA SOCIAL

O Espiritismo com Jesus ilumina o homem.

O homem iluminado clareia o caminho da vida.

Eis por que a assistência social, em bases da fraternidade legítima, é o campo de realizações em que a nossa Renovadora Doutrina plasma em serviço ativo os ensinamentos da Esfera Superior.

Santificado o templo que reconforta.

Respeitável é o dispensário que alimenta.

A caridade que fulgura na escola, em favor do espírito, é a mesma que se desdobra no hospital, em benefício do corpo.

Como interpretar a fonte que se recolhesse ao manancial, receosa do contato com a terra seca? Que dizer da luz que se limitasse a brilhar, isolada, a pretexto de garantir-se contra as sombras?

Da própria natureza – trono visível da Vontade e do Amor de Deus – recebemos o roteiro do bem incessante.

Irradia-se o amparo do Sol, fluindo de mais alto, cada dia, não só para sustentar o cérebro dos sábios, mas também para auxiliar aos vermes do pântano.

Assim também o sol do ensinamento cristão resplandece, não apenas para o êxtase da espiritualidade, mas, igualmente, para socorro ao plano físico.

Jesus destaca as bem-aventuranças da alma e limpa as mazelas da carne.

Estende a Boa Nova sublime, mas não desdenha multiplicar o pão.

Restaura a virtude da Madalena e sublima a compreensão de Zaqueu, mas não se esquece de curar os olhos de Bartimeu, o cego, e de reconstituir a orelha de Malco.

Cristo é o Restaurador Celeste do Homem Integral.

Mestre do espírito, é também o Médico do corpo.

Façamos, pois, de nossa íntima regeneração com o Evangelho, a tarefa mais alta de nossa vida e busquemos na assistência social a região do serviço que devemos aos semelhantes.

As obras sem fé podem ser a monumentalização da vaidade e do orgulho, mas não podemos olvidar, com o Apóstolo, que a fé sem obras é morta em si mesma.

Nina

O MUNDO - NOSSA ESCOLA

11

O MUNDO - NOSSA ESCOLA

O mundo, em todos os seus ângulos, é a Escola de Jesus Cristo, em que fomos situados para aprender.

O educandário, porém, subdivide-se em classes numerosas e a prova é, invariavelmente, o processo de aferição dos aprendizes.

Há quem, na escassez de todos os recursos, é convidado a demonstrar paciência e resignação.

Há quem, de luz acesa no templo da alma, é convocado a clarear o caminho de quem vagueia nas trevas.

Há quem, detendo a graça da consciência tranquila, é visitado pela calúnia ou pela incompreensão a fim de revelar humildade e amor.

Dentro do enorme estabelecimento de ensino existem disciplinas variadas nos mais diversos cursos de erguimento e sublimação da alma imperecível.

Aceitemos a posição em que a Divina Vontade nos localizou na Escola da Vida.

Jesus é o nosso Mestre Infatigável.

E quem hoje aprende a lição do dia, amanhã receberá d'Ele e com Ele nova oportunidade na estrada luminosa da Sublime Ascensão...

Nina

O TEMPO

12
O TEMPO

O tempo é um empréstimo de Deus.

Elixir miraculoso – acalma todas as dores.

Invisível bisturi – sana todas as feridas, refazendo os tecidos do corpo e da alma.

Com o tempo erramos, com ele retificamos.

Em companhia dele, esposamos graves compromissos e, por ele amparados, resgatamos todos nossos débitos.

Enquanto acreditamos que o tempo nos pertence, muitas vezes, caímos presas de cipoais de sombra, mas quando compreendemos que o tempo é de Deus, o nosso retorno à paz se concretiza em abençoada recuperação de nós mesmos para o amor que tudo regenera e tudo santifica.

Confiemos, assim, no tempo que o Senhor nos concede à própria libertação e prossigamos convertendo nossos problemas em lições, e as nossas lições em bênçãos da Divina Imortalidade.

Jesus está conosco e, ao toque de sua Infinita Bondade, todas as nossas experiências se transformam em motivo de felicidade imperecível.

Apparecida

AS MÃOS
DE JESUS

13

AS MÃOS DE JESUS

As mãos de Jesus operam milagres nos corações que a elas se entregam com segurança.

Afastam pesares, curam chagas, adormecem a dor.

Levantam-nos para o trabalho e nos sustentam na tarefa que nos cabe desenvolver.

Dissipam a neblina da angústia e acendem nova luz nos horizontes de nossa fé.

Multiplicam nossas forças, dilatando-as no serviço a que nos afeiçoamos, a favor de nosso próprio bem.

Cerram nossos lábios quando a fadiga nos sugere observações imprudentes e constituem infalível apoio para que não venhamos a cair nos despenhadeiros que se alongam nas margens do caminho que devemos trilhar.

São arrimos valiosos que nos garantem de pé e asas luminosas, transportando-nos às visões do Céu...

Procuremos, cada dia, as mãos do Senhor.

Sem elas, não seria possível um passo à frente na estrada de redenção a que fomos conduzidos pela Bondade Celestial.

Com o Mestre da Verdade, sabemos que tudo perder no mundo transitório é tudo reencontrar na Vida Eterna.

Recordemos que as mãos de Jesus permanecem nas diretrizes de nossa marcha.

Apparecida

LUTANDO

14
LUTANDO

Abnegado legionário de Cristo, guarda por tua arma predileta, no caminho pedregoso do mundo, a charrua do esforço próprio, no aperfeiçoamento do coração.

Outrora, seria lícito o nosso combate de ferro e fogo, à procura da posse na esfera enganosa dos prazeres fáceis.

A ignorância não vacilava em arrojar-nos ao precipício da miséria, engodando-nos a mente infantil com a perspectiva de falaciosa dominação.

Hoje, porém, meu amigo, que nos alistamos sob a bandeira lirial de Jesus, a nossa atitude será diferente...

Não atacar senão a nós mesmos,

na perigosa inércia espiritual a que nos acolhemos na vida.

Não ferir senão o nosso orgulho, milenário inimigo de nossa paz, oculto nas torres abandonadas de nosso templo interior.

Não dilacerar senão a nossa vaidade, velha hidra venenosa a enroscar-se em nossos pensamentos para subtrair-nos a alegria de viver.

Não disputar senão a humildade, a riqueza que nos fará servidores felizes do mundo, em nome do Céu.

Arma-te, pois, de amor, e sigamos para frente.

Veste a couraça da boa vontade e enfrentarás, com êxito, os mais ferrenhos adversários exteriores.

A Terra é um extenso campo de luta.

Enquanto nos achamos à distância do Mestre, somos vítimas das sombras que senhoreiam a nossa própria alma, contudo, quando recebemos a graça da iluminação com Jesus, somos os vitoriosos lidadores do mundo, convertendo a espada de nossas atitudes, em arado de bênçãos sobre a terra invisível do próprio sentimento, a fim de que o nosso coração se transforme em santuário vivo do Mestre e Senhor.

Agar

NA HORA QUE PASSA

15

NA HORA QUE PASSA

Irmãos, a paz de Jesus reine soberana entre nós.

O Espiritismo, no dia laborioso dos pioneiros, poderia ser uma fonte de consolações e surpresas, à frente de nossos olhos deslumbrados...

Era natural que assim fosse.

A sabedoria antiga voltava a felicitar-nos, no intercâmbio entre as duas esferas, abrindo-nos horizontes diferentes no país das grandes revelações.

Infantis no conhecimento de ordem superior, éramos tolerados na indagação infindável e na curiosidade enfermiça que nos centralizavam a mente e o coração no verbalismo sem obras.

O tempo, no entanto, assinalou

novas portas evolutivas em nossa jornada para diante.

A responsabilidade lançou raízes profundas em nossa vida, convertendo-nos a fé em abençoados compromissos de trabalho, e a confortadora Doutrina que nos enriquece de bênçãos passou de manancial do consolo isolado à bendita construção espiritual, em que todos somos peças integrantes do serviço, em favor do progresso geral.

Antigamente, perguntávamos.

Hoje, é necessário fazer.

Em outro tempo, experimentávamos.

Agora, devemos ser experimentados no engrandecimento da vida na Terra.

Outrora, éramos exigentes no "receber".

Atualmente, é imprescindível a nossa diligência para "dar".

No princípio, eram justos, a expectação e o êxtase.

Na hora que passa, entretanto, somos obreiros convocados à edificação da fraternidade e da elevação entre os homens.

Grandes são as nossas oportunidades nos tempos modernos, em que a nossa instrumentação se mostra tão rica de dons para a vida eterna.

Nós, os espíritas cristãos, na segunda metade do século XX, somos servos conscritos à atividade incessante, com a aplicação dos imensos recursos recebidos do Alto.

Assemelhamo-nos a senhores abastados do ideal com a obrigação de fugir à secura e à avareza, se quisermos encontrar, mais tarde, as compensações da verdade e do amor.

Nossas convicções são valores reais que precisamos distribuir a benefício de todos; não somente, porém, com as palavras brilhantes, com as páginas inspiradas, com as promessas sublimes ou com os votos risonhos, mas, acima de tudo, com a demonstração prática de nossas experiências, de vez que apenas o orientador adequado produz roteiros adequados.

Ninguém nos conhece pelo que falamos e, sim, pelo que operamos.

Não somos amados pelo que ensinamos com a boca, mas, sim, pelo que realizamos com o coração.

Não somos conhecidos pelas teorias que esposamos e, sim, pelos bens ou pelos males de que somos portadores, na estrada em que seguimos, na companhia de quantos nos foram confiados pelo Senhor.

Façamos assim, do Espiritismo, a carta de nossos deveres pessoais, à frente de Deus e da Humanidade, e não a mensagem que nos lisonjeie a expressão particularista de crentes, aprendizes ou simpatizantes da Grande Causa que cogita da redenção terrestre.

O nosso caminho está descerrado ao sol do Cristo.

Seguiremos para diante com a ação evangélica ou seremos esmagados pelo carro do progresso comum.

Agiremos com o bem ou perderemos tempo no mal.

Materializaremos o amor que o Mestre nos legou ou permaneceremos indefinidamente materializados no círculo carnal, por séculos infindos.

Avancemos, meus amigos.

Nosso ideal é serviço constante,

nossa fé representa claridade divina e nossa esperança é caridade em ação.

Sigamos com Jesus, afastando-nos da retaguarda, e Jesus estará conosco na vanguarda de luz.

Modesto Lacerda

PRECE DO JOVEM CRISTÃO

16

PRECE DO JOVEM CRISTÃO

Senhor, dá-nos

o amor puro,

o respeito à tua lei,

a disciplina benéfica,

a assimilação dos bons exemplos,

o acatamento aos mais velhos,

a mente firme,

o raciocínio claro,

o sentimento elevado,

o coração terno,

o entendimento fraternal,

o pensamento resoluto,

os braços diligentes,

as mãos amigas,

os pés bem conduzidos,

os olhos compreensivos,

os ouvidos vigilantes,

a dedicação ao estudo e ao trabalho,

o devotamento ao bem,

os recursos da paz

e as ferramentas da boa vontade, em todos os serviços que signifiquem a tua obra divina na Terra, hoje e sempre.

Assim seja.

Aires de Oliveira

TAÇA DE ÁGUA FLUIDIFICADA

17

TAÇA DE ÁGUA FLUIDIFICADA

Filhos, Jesus nos abençoe.

Para que não haja descontentamento por parte dos irmãos que desejariam situar numa festa qual a que imaginas, em nossa festa permanente do Bem, sugerimos que a instalação de nossos encargos na roupagem nova de que se revestirão em breves dias, seja marcada com os seguintes itens, sem qualquer apelo às cerimônias que não teriam razão de ser:

1 - Os convidados serão trazidos pelos próprios Amigos Espirituais ao recinto de nossas realizações, a se expressarem na presença dos amigos e necessitados que estiverem conosco na data da reintegração de nossos serviços dentro da nova edificação.

2 - Cada companheiro de base da nossa organização trará um prato

de pão, destinado ao café fraternal que se improvise.

3 - O discurso de início será uma oração a Jesus, agradecendo as novas oportunidades de trabalho que a Divina Providência nos concede.

4 - Após o lanche simples e rápido, será servida uma taça de água fluidificada a todos os companheiros que nos participem da reunião.

5 - No término, ao invés de uma peça discursiva que seria talvez de se esperar, outra prece será formulada, na qual estejamos formulando, perante Jesus, o nosso compromisso de tra-

balhar e servir, na convicção de que será auxiliando aos outros que seremos efetivamente auxiliados.

E coloquemos a nossa máquina de serviço em ação, na certeza de que o Divino Mestre nos abençoará e nos sustentará, tanto hoje quanto sempre.

A todos os nossos companheiros, os nossos votos de Paz e Trabalho, União e Alegria, com as melhores esperanças do servidor reconhecido,

Bezerra de Menezes

NOTA: Esta mensagem foi solicitada pelos irmãos do Centro Espírita "Dias da Cruz", sediado em Caratinga, Minas.

NA TRAVESSIA
DA MORTE

18

NA TRAVESSIA DA MORTE

É na hora solene da morte que todas as recordações da vida sobem à tona da consciência.

Desacolchetam-se da memória os quadros que o tempo acumulou, em sua passagem, e as figurações do pensamento, as palavras desferidas e os atos endereçados ao caminho terrestre volvem à visão interior da alma em crise, carreando consigo os efeitos que produziram, segundo a própria espécie.

Vozes brandas e austeras se levantam para bendizer ou reprovar, mãos serenas ou crispadas de dor se erguem para auxiliar ou ferir, e imagens múltiplas, traduzindo amor e ódio, devotamento ou desprezo se sucedem irremovíveis no imo da criatura em prostração, compelindo-a a receber o fruto das próprias obras.

A morte é, por isso mesmo, o retrato da vida.

Cada atitude nossa, entre os homens, é uma pincelada na tela do destino a esperar-nos no limiar do sepulcro com a justa coloração.

Cada conflito que improvisamos ser-nos-á deplorável tumulto na mente, tanto quanto cada gesto de amor erigir-se-nos-á por luz crescente, na travessia do nevoeiro.

Ao invés, assim, de temeres a morte, faze da existência a lavoura de bondade e trabalho, auxílio e compreensão, em favor dos que te rodeiam, porque os semelhantes simbolizam tratos do solo que o Senhor nos concede lavrar em socorro de nossas necessidades, na vida imperecível, e para o lavrador que se vale do dia, na transformação do próprio suor em fartura de bênção e pão, a noite chega sempre por sombra esmaltada de estrelas, acalentando-lhe o sono e garantindo-lhe o despertar.

Emmanuel

NÃO JULGUES TEU IRMÃO

19
NÃO JULGUES TEU IRMÃO

Amigo.

Examina o trabalho que desempenhas.

Analisa a própria conduta.

Observa os atos que te definem.

Vigia as palavras que proferes.

Aprimora os pensamentos que emites.

Pondera as responsabilidades que recebeste.

Aperfeiçoa os próprios sentimentos.

Relaciona as faltas em que, porventura, incorreste.

Arrola os pontos fracos da própria personalidade.

Inventaria os débitos em que te inseriste.

Sê o investigador de ti mesmo, o defensor do próprio coração, o guarda de tua mente.

Mas, se não deténs contigo a função do juiz, chamado à cura das chagas sociais, não julgues o irmão do caminho, porque não existem dois problemas absolutamente iguais, e cada espírito possui um campo de manifestações particulares.

Cada criatura tem o seu drama, a sua aflição, a sua dificuldade e a sua dor.

Antes de julgar, busca entender o próximo e compadece-te, para que a tua palavra seja uma luz de fraternidade no incentivo do bem.

E, acima de tudo, lembra-te de que, amanhã, outros olhos pousarão sobre ti, assim, como agora, a tua visão se demora sobre os outros.

Então, serás julgado pelos teus julgamentos e medido, segundo as medidas que aplicas aos que te seguem.

André Luiz

ORAÇÃO DO LIVRO

20

ORAÇÃO DO LIVRO

Amigo.

Atende-me para que eu te possa atender.

Não me dilaceres o corpo, nem me relegues ao canto escuro da prateleira morta.

Trago-te o ensinamento de todas as épocas, na palavra da ciência, na mensagem da filosofia e na revelação da fé.

Em minha companhia, penetrarás, sem alarde, os santuários da arte e da cultura, da sublimação e do progresso.

Sou alma, pensamento, esperança e consolo.

Ampara-me e dar-te-ei o tesouro do Amor e da Sabedoria.

Auxilia-me e auxiliar-te-ei.

Na claridade que me envolve,

santificarás a experiência de cada dia, encontrarás horizontes novos e erguerás o próprio coração para a vida mais alta.

Auxilia-me a caminhar na direção do futuro e receberás comigo, no porvir imenso, a Bênção da Divina Imortalidade em nossa destinação de Filhos da Luz.

Emmanuel

Conheça mais sobre
a Doutrina Espírita
através das obras de
Allan Kardec

www.ideeditora.com.br

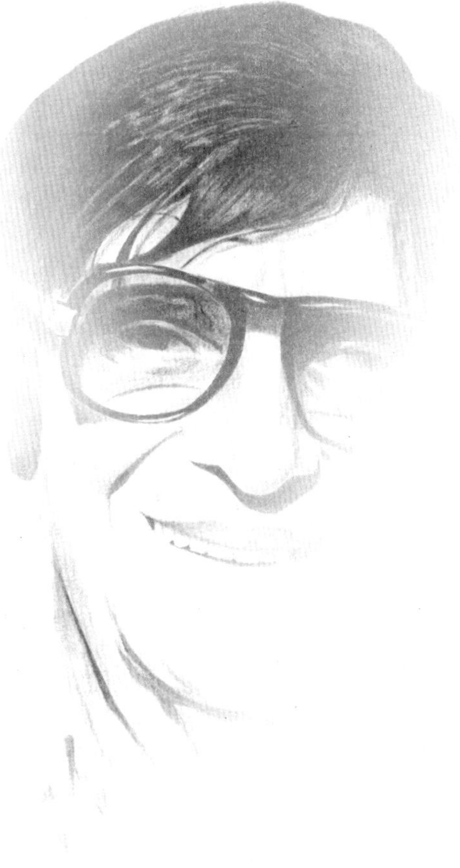

ideeditora.com.br

Acesse e cadastre-se para receber
informações sobre nossos lançamentos.

twitter.com/ideeditora
facebook.com/ide.editora
editorial@ideeditora.com.br

IDE Editora é apenas um nome fantasia utilizado pelo INSTITUTO DE DIFUSÃO ESPÍRITA, entidade sem fins lucrativos, que promove extenso programa de assistência social, e que detém os direitos autorais desta obra.